끊임없는 삶의 물음표

문학고을 디카시집 02

끊임없는 삶의 물음표

초판 1쇄 발행 | 2025년 11월 3일

저 자 | 구이서, 김선광, 김선규, 김성임, 김진홍, 박기준, 박중신, 박홍식,
        신덕호, 신선미, 안정선, 염혜원, 임주아, 임진성, 최병만, 최해영, 한재준

펴 낸 곳 | 도서출판 문학고을
펴 낸 이 | 조진희
편 집 자 | 조현민
주소 | 경기도 부천시 오정구 성곡로 16번길 7, 901호
서울사무실 | 서울시 강남구 학동로38길 38 (논현동) 204호
전화 | 02-540-3837
이메일 | narin2115@naver.com
등록 | 제2020-111176호

ISBN 979-11-92635-41-5 03810
정가 12,000원

* 이 책의 판권은 지은이와 도서출판 문학고을에 있습니다.
* 잘못된 책은 구입처에서 교환해 드립니다.

끊임없는 삶의 물음표

글향 동인 디카시집

구이서 김선광 김선규 김성임 김진홍 박기준 박중신 박흥식 신덕호
신선미 안정선 염혜원 임주아 임진성 최병만 최해영 한재준

| 서문 |

끊임없는 삶의 물음표를 향하여

염혜원 (문학고을 서울지부장)

하루의 빛과 그림자를 시로 품는 공간,
그곳이 바로 문학고을 서울지부 글향입니다.

17명의 시인이 각기 다른 언어로 삶의 풍경을 붙잡았고,
그 시선이 모여 85편의 디카시로 응축되었습니다.
이번 동인지는 그간의 창작 여정이 모인
소중한 기록이자 따뜻한 인연의 결실입니다.

디카시는 찰나와 영원의 경계에 있는 장르입니다.
사진은 시간을 붙잡고, 문장은 그 안의 숨결을 불러냅니다.
『끊임없는 삶의 물음표』 디카시집의 작품들은 일상의 순간을
언어로 환원하며 일상이 예술이 되고, 예술이 다시 일상으로
스며드는 디카시의 본질을 보여줍니다.

무엇보다 뜻깊은 일은, 처음 디카시를 접한 작가님들이
짧은 시간 안에 눈부신 성과를 이루어냈다는 점입니다.

영등포디카시공모전 장려상 신선미 작가님,
반려동물디카시공모전 우수상 박중신 작가님과
동상 신선미 작가님 그리고 입선 한재준 작가님의 수상은
'글향'이 지닌 창작의 힘과 서로에게서 피어난 영감의 결실이며,
공동체의 성장을 보여주는 값진 성과입니다.

이 책이 세상에 나올 수 있었던 것은
문학고을 조현민 회장님의 따뜻한 격려와 응원
담현 김선규 부지부장님의 헌신, 그리고 모든 작가님들의
진심 어린 열정 덕분입니다.
그 마음들이 모여 글향의 든든한 뿌리가 되었습니다.
진심으로 감사드립니다.

'향기 나는 사람들의 행복한 동행'이라는 '글향'의 슬로건처럼,
디카시집 『끊임없는 삶의 물음표』가 세상을 조금 더 따뜻하고
향기롭게 물들이기를 소망합니다.

| 축하의 글 |

서울지부 디카시 동인지의 출간 축하의 글

조현민 (문학고을 회장, 시인)

자유시는 문자 언어만으로 완결성을 갖추며, 감성과 서정, 비유(메타포, 시멀리, 퍼서너티, 엠파시 기법), 상징, 운율 등 언어적 기법이 시의 주된 미학을 이루는 반면, 디카시는 자연과 사물에서 순간 포착 등 찰나의 사진이 시적 텍스트와 결합하여 사진과 문장이 서로의 존재를 보완하고 확장하는 '멀티 언어예술'이라는 점은 모두 주지의 사실이다.

삶속에 방향을 잃고 고민과 고통은 업되며 항상 그림자처럼 따라 붙는 굴곡진 상처를 보듬는 일, 단순히 위로의 말이 아닌 삶의 궤적을 꿰뚫어 보는 지혜와 성찰의 방향성을 제시하는 문학이야말로 진정한 영혼의 동반자 치유의 힘이 아닌가 하는 "쇼펜하우어"의 글을 상기해 본다.

문학고을 서울지부 지부장인 염혜원 시인 외 16인 작가들의 옥고玉稿로 빚은 '날시'(언어 이전의 사물, 풍경, 상황 등에서 즉각적으로 떠오르는 시의 형상을 진술)가 디카시 동인지 상재上梓를

통하여, 주옥같은 해법과 삶의 아름다운 방향을 제시하고 있다.

디카시 동인지 참여 작가님들의 간접화법, 내면 풍경, 2차 언어 등, 5행 미만의 간결히 농축된 디카시의 시적 진술은, 우리에게 삶의 가치와 행복 보람과 위안의 다양한 메시지를 전하고, 어두운 사회에 등불이 되며, 독자들의 사랑을 받는 귀한 날이 될 것이다.

아날로그 시대의 종이책을 넘어 SNS 등을 통해 실시간으로 소통하는 디지털 시대의 새로운 문학 장르로서 디카시의 확장성과 증폭성은, 독자들의 사랑과 관심 속에 시대조류의 대세가 되었음은 아무도 부인할 수 없을 것이다.

끝으로 서울지부 디카시 동인지가 탄생하기까지 디카시 심사위원으로 지도 편달을 아끼지 않으신 염혜원 시인님과 담현 김선규 시인님을 비롯한 참여하신 작가님들의 노고에 찬사와 존경을 표하며 힘찬 격려와 응원을 보내주신 문우님들에게도 깊은 감사의 말씀을 전하며, 작가님들의 건안 건필을 기원한다.

| 축하의 글 |

서울지부 첫 번째 동인지 『끊임없는 삶의 물음표』

자겸 신경희 (문학고을 부회장)

　문학고을 문단의 국내 9개 지부 중 선도 지부로서 늘 모범적인 모임을 통해 등단 문인들 간의 교류를 이어가시는 서울지부 글향의 첫 번째 동인지 출간을 온 마음으로 축하드립니다.

　인간의 감정을 음률에 맞춰 간결한 언어로 표현하는 시는 인간에게 감흥을 주기에 형식과 내용, 목적, 태도 등 다양한 기준으로 분류돼 우리와 함께 호흡하고 있습니다.
　다만 시의 친밀성으로 역사와 함께 숨 쉬고 있지만 사회문화적 요인에 의해 친밀도가 달라지는데, 근래에는 바삐 가는 세월의 조류에 동조되면서 전통적인 형식의 산문시 자유시를 넘어 나태주 님의 풀꽃 시처럼 압축에 압축을 더한 짧은 글로 강력하게 다가가는 경향이 강해졌지요.
　이런 짧은 글 속에 담긴 철학, 시적 정서를 아포리즘이라고 부르고 고대 그리스에서부터 사용되어, 우리나라에서는 격언 경구 등으로 해석되는데, 요즘에는 이런 짧은 글귀가 유행하고 여기에 시적 감성을 담고 사진을 얹어서 표현하는 사진 시도 있지만 이제는 사진 자체가 글이요, 시가 되는 디카시가 문학의 한 장르로서 한국에서 시작해 전 세계로 퍼져나가고 있습니다.

 이러한 때에 우리 문학 고을 문단에서도 디카시 부문을 신설 공모함으로써 많은 디카 시인들이 등단해 국내 여러 공모전에서 우수한 성적을 내고 있음이 자랑스럽습니다.
 특히 염혜원 지부장, 김선규 부지부장을 비롯하여 박기준 시인님은 이미 디카시 문학계에서 인정받는 대표적인 작가님들이시지요. 이런 서울지부 17명의 작가님들이 그동안 배우고 습작한 작품을 정성으로 모아 다듬어가며 책으로 엮어 널리 퍼져나가게 됨에 매우 큰 감동을 받습니다.

 다시 한번 글향의 첫 번째 동인지 『끊임없는 삶의 물음표』가 순간 포착으로 찾아낸 사물을 마음으로 투영해 낸 시가 되어 독자들에게 따뜻한 울림으로 다가가기를 바라면서 수고하신 모든 작가님들께 축복의 인사를 드립니다.

목 차

염혜원 004	서문	끊임없는 삶의 물음표를 향하여
조현민 006	축하의 글	서울지부 디카시 동인지의 출간 축하의 글
신경희 008	축하의 글	서울지부 첫 번째 동인지 『끊임없는 삶의 물음표』

구이서 016 망향가
017 작곡
018 봄 편지
019 설중매
020 그리운 고향

김선광 022 세월
023 기억의 순간
024 문득
025 사연
026 봄비

김선규 028 피라미드
029 느린 전진
030 신입사원
031 협치
032 쉼표

김성임 034 회복
035 이별
036 가장
037 온기
038 가시버시

김진홍	040	양수리 소묘
	041	바람에 맡긴다
	042	경고
	043	기대
	044	소개팅

박기준	046	결계를 잇다
	047	커튼콜
	048	온난화
	049	쥐라기
	050	여의주

박중신	052	맛집
	053	걱정 지우개
	054	새싹의 여정
	055	가을단상
	056	환복

박흥식	058	어린 왕자의 독백
	059	기다림의 끝에
	060	오르고 또 오르건만
	061	보석 캐러 갈까요
	062	한식날

신덕호 064 정원
065 달빛 그림자
066 더부살이
067 명작
068 모델

신선미 070 결심
071 시선
072 탐정
073 공전
074 체온

안정선 076 나란히
077 레드카드
078 우리 사랑
079 엄마의 눈물
080 천근만근

염혜원 082 페르소나
083 틈
084 신호등
085 너에게 가는 법
086 겸손

임주아 088 바람
089 해열제
090 열정
091 사유
092 비상

임진성	094	다시 핀 봄
	095	101
	096	찔러 보기
	097	기다림은 미소로 온다
	098	솟대

최병만	100	11월의 장미
	101	MOON
	102	도란도란
	103	2022. 6. 16.
	104	티 없이 살라하네

최해영	106	고백
	107	여신
	108	착시
	109	벗어나고파
	110	희망

한재준	112	거룩한 계보
	113	칸트
	114	갱년기
	115	훈수 금지
	116	디자이너

끊임없는 삶의 물음표

구이서 김선광 김선규 김성임 김진홍 박기준 박중신 박흥식 신덕호
신선미 안정선 염혜원 임주아 임진성 최병만 최해영 한재준

망향가

아버지가 부르던 노래
아들이 잇는다

피처럼 흐르는
그리움의 기억

작곡

바람이 오선지 물고 오면
물결이 음표를 그린다

샤르륵 샤르륵

봄 편지

겨울 위에
봄을 띄웁니다

향이라도
바람결에
전할까 하고

설중매

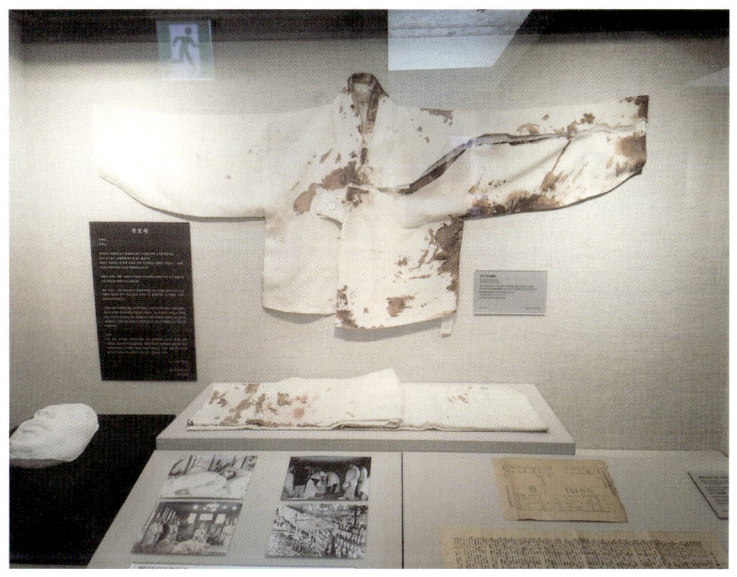

대륙 칼바람 견딘 흰 범의 일흔 세월
동지들 피의 숲으로 되찾은 땅

지하에 묻혀서도
잠 못 드는 수상한 세월

그리운 고향

버리지도 옮기지도 못할
토끼 간

반항도 거절도 못한
위험한 명령

흩어지는 물거품

● 작가 소감

향기 나는 사람들의 행복한 동행 글향에서 시처럼 아름다운 분들을 만났고, 디카시를 알았습니다. 원하는 모습을 카메라에 담는 시간은 오롯이 행복을 가져다주지만, 그에 어울리는 시적 언술을 입히는 과정은 필력이 부족한 사람에게는 번민의 시간이 따라옵니다. 글향에서 늘 모범을 보여주시는 박기준 작가님, 염혜원 작가님, 김선규 작가님의 지도에 따라 디카시집에 숟가락을 얹습니다. 창조주께서 만드신 아름다운 세상이 어지러움에서 벗어나 평화로운 모습으로 되돌아가길 바라면서 고운 글만 통용되는 날을 소망해 봅니다.

구이서

한국방송통신대 국문학과졸업
NH투자증권 지점장
문학고을 서울지부 사무국장
2024. 문학고을 우수작가상

세월

덧칠하지 않았다고
드러내고 싶은 흔적은 아니다

달빛 흩날리는 밤이면
뒤척이는 한숨으로 덜컹거린다

기억의 순간

망각과 기억의 경계에서
맴돌던 너의 눈빛

붉어져 가는
하늘과 바다의 경계에서
또렷해졌다

문득

밀물 되어 찾아와
썰물 되어 떠나간
너는
같은 너였을까

사연

높은 하늘길 지나던 구름
그리움이 사무치는 날이면
산머리까지 낮게 내려와
넋두리 풀어놓는다

봄비

만개한 꽃에 맺힌 눈물
멀리서 네가 우는 건 아닌지
어느새 내 눈에도 비가 고인다

● 작가 소감

디카시를 쓰기 시작하면서 나의 생활은 이전과는 많이 달라졌습니다. 살아가며 마주하는 사람, 사물, 풍경들을 좀 더 세심히 살펴보게 되었고, 그(것)들이 얼마나 아름답고 소중한지 깨닫게 되었습니다. 이는 다시 나의 삶에 대한 성찰로 이어져 나 자신을 긍정적으로 변화시킨 듯합니다. 이런 의미에서 저에게 디카시는 일기와도 같은 것입니다. 디카 시집 출간은 나의 일기를 다른 사람들에게 내보이는 것 같아 부끄럽기도 하지만, 이번 출판을 계기로 좀 더 단단한 디카 시인으로 성장할 수 있으리라 기대하며 용기 내어 봅니다. 끝으로 저에게 이처럼 좋은 길을 열어 주신 "글향"의 시인님들께 진심으로 감사드립니다.

김선광

2016. 창작 동화집 "그래도 가족"(공저)
2019. 청소년 교양서 "쉬는 시간에 읽는 젠더 이야기"(공저)
2021. 시집 "시시한(詩施閑) 날에"
2025. 청소년 교양서 "재밌어서 밤새 읽는 사회 이야기"(공저)
2025. 문학고을 등단 신인 문학상 디카시 부문

피라미드

어둠 속 작은 땀방울로
터전을 마련하고
별빛을 모아
잠든 달도 깨우니
빛의 첨탑이 눈부시다

느린 전진

가느다란 가지 끝에서도
작은 숨을 모아 한 뼘씩 밀고 간다

느림은 실패가 아니라
날개 속 근육을 키우는 시간이다

신입사원

바늘구멍 경쟁 뚫고
햇살 앞
실바람에 이끌리고

누군가는 버겁다고 떠난 그 자리
용기 내어 나왔다

협치

서로를 인정하는 순간
열리는 상생의 길

살맛 나는 대한민국
민주주의로 가는 동반자

쉼표

경주마처럼
34년, 앞만 보고 달렸다

멈춰 서니 보이는
내 안의 부호

● 작가 소감

디카시집 출간이라는 귀한 자리에 문학고을 서울지부 〈글향〉 문우님들과 함께하게 되어 큰 기쁨입니다. 찰나의 순간을 사진에 담고, 그 순간을 언술로 다시 피워내는 과정은 제 삶의 또 다른 배움이었습니다. 작품을 쓰는 동안 일상의 풍경이 새롭게 다가왔고, 그 안에서 잊고 있던 감정들을 다시 만날 수 있었습니다. 이번 공동 시집은 저 한 사람의 성취가 아니라 열일곱 분의 마음이 모여 빚어낸 소중한 결실입니다. 서로 다른 시선과 감각이 어우러져 하나의 울림을 만들어낸 것에 큰 의미가 있다고 생각합니다. 앞으로도 삶 속의 순간들을 놓치지 않고 디카시로 기록하며 나누고 싶습니다.

담현 김선규

인덕대학교 디지털산업디자인학과 겸임교수
2025. 제2회 영등포디카시공모전 동상
2025. 제1회 평택디카시공모전 입선
2025. 부산디카시인협회 경시대회 1등 작품상 3회 수상 (제9회, 20회, 21회)
2024. 문학의 도시 원주 박경리 디카시공모전 장려상
2024. 제2회 시사불교 신춘문예 디카시 부문 우수상
2024. 제3회 문학고을 청목문학상 (작가대상)
2023. 제25회 대한민국디자인대상 대통령상
2022. 노근리디카시공모전 동상

회복

투명한 떨림

메마른 가슴에
숨을 틔운다

이별

건너는 것은
강물이 아니라

만남의 끝에서
서로를
놓아주는 우리

가장

흉하다 마라

흙냄새 스민 손끝
굽이마다 묻은
삶의 깊이

온기

노른자 하나
허기 위에 얹히자

햇살처럼 스며드는
엄마의 손길

가시버시

날 보고 웃는 당신
당신 보며 웃는 나

그 웃음 피어난 날
나도 따라 피었습니다

● 작가 소감

글향디카시집을 준비하며 작가님들과의 소통 속에서 알아감과 배움, 깊은 인연을 얻었습니다. 합평의 대화는 제 시를 더욱 깊고 단단하게 해주었습니다.
창작 과정에서 제 안의 목소리와 오래된 감정을 마주하며 아픔은 위로로, 위로는 치유로 이어졌습니다.
이번 출간은 제게 단순한 작품이 아닌 성장의 여정이었습니다.
앞으로도 디카시를 통해 더 많은 이들과 마음을 나누고자 합니다.

김성임

2023. 문학고을 신인 문학상 수상
2023. 문학고을 등단 시 부문
2025. 문학고을 등단 디카시 부문

양수리 소묘

물안개 번져
강변에 스미고

저 고요
누구의 붓끝인가

바람에 맡긴다

미련 없이 훨훨 벗고
비굴하게 애걸하지 마라
매달려 봐야
하루 이틀

경고

저 높이 계신 양반
하늘 곧 닿는다고
꽃 웃음 피우시지만
밑돌 한 번 움찔하면
그 웃음, 산산이 부서지리

기대

서리 맺힌 가지 뒤
희미하게 다가오는 봄
이 겨울 품으며
기다리는 마음
다시 시작된 희망

소개팅

누가 알까
이 설렘의 무게를
말 한마디
눈길 하나
떨림의 시작

● 작가 소감

문학고을 글향을 통해 디카시집을 공동으로 출간하게 되어 깊은 감회를 느낍니다. 디카시는 한 장의 사진 속 찰나를 시의 언어로 확장하는 예술입니다. 그 길에서 동인들과 함께 호흡하며 한 권의 책을 세상에 내놓게 된 것은 큰 축복이자 기쁨입니다. 사진과 문자가 하나의 멀티언어가 되어 독자의 마음속에서 새롭게 피어나길 바랍니다. 이번 출간은 개인의 성취를 넘어 문학 공동체가 함께 이룬 결실입니다. 응원해 주신 모든 분들께 감사드리며, 이 작은 시집이 독자들의 삶에 잔잔한 울림과 위로로 스며들기를 소망합니다.

우단 김진홍

공학박사, 한국디카시인협회양평지회장

2025. 제1회 국제디카시 공모전 입상
2025. 제1회 경북연가디카시 공모전입상

결계를 잇다

추 하나로 이어진 하늘과 땅
천 년의 무게를 묵언으로 지탱하다 풍경 아닌 배경이 된 고택
닥나무 껍질에 새겨둔 경전의 적요가 내게 깃들어
산 한 채의 고요와 이어주는 날

아직도 깨닫지 못한 비만 내리고, 소슬비만 내리고

커튼콜

화려한 위문 공연은 끝났습니다
썰렁한 객석에 철 지주대가 놓이고

환장할 봄이 다시 올, 그 날을 위해
꽃의 잔해를 치워야겠습니다

온난화

바다와 자연의 품에 안겨 컸습니다

잃어버린 겨울에 그린란드의 만년 빙벽은 부서져 내리고,

알바트로스 날개가 빙하의 비명을 듣습니다

우리가 만들어낸 뜨거운 비명입니다

쥬라기

어느 별에서 떨어졌을까

마법의 성에서 깨어난 공주
그 시절이 생각난 걸까

수천 년 된 알을 깨트린 저 환한 미소

여의주

땡볕 아래 굴리고 굴려 또 하나의 지구가 된
그 안에 저를 낳고 품었습니다

아버지만의 행성, 나의 고향

내가 여의주를 부러워하지 않는 까닭입니다

● 작가 소감

핸드폰 속 평범한 순간들이 시가 되어 한 권의 책으로 태어났습니다. 카메라의 셔터 소리와 함께 포착한 감정들이 이제 종이 위에서 숨을 쉽니다. 스마트폰 속 메모장에 끄적이던 단상들이 이렇게 완성된 작품집이 될 줄 몰랐습니다. 처음이지만 우리는 할 수 있었고, 해 내었고 만들어 가는 과정 모두가 용기였습니다. 짧지만 진솔한 이야기들이 바쁜 삶 속, 잠깐의 휴식과 위로가 되었으면 합니다. 현대를 살아가는 우리의 소소한 일상과 감성이 독자분들께도 공감으로 전해지길 바랍니다.

박기준

2023 국민일보 신춘문예
2023 문학고을 청목문학상
2024 오륙도신문 신춘문예
2024 호미곶 흑구문학상 대상
2024 시사불교 신춘문예 디카시
2025 오륙도신문 대한민국 디카시 페스티발 수상
2025 제2회 영등포 디카시 공모전 수상외 다수

맛집

하늘 물에
구름 소금 풀어
산을 절인다

계절이 익는다

걱정 지우개

마음이 근심을 심는다

잡념 쪼아 헤친 빈자리

매듭 풀린 생각이 놓인다

새싹의 여정

수줍은 망설임 끝에
용기 한 모금 삼키고
어둠의 경계를 넘는다

조금만 더 뻗으면
빛의 성찬 누리리

가을단상

삶이 무뎌진 자리
기억 한 잎 떨어지니
잔잔한 파문 타고

피어오르는 희열

환복

흙으로 돌아가려 하느냐
가볍지 않았을 너의 삶

아쉬워 말자 너로 살았으니

● 작가 소감

디카시는 내 삶에 많은 변화를 주고 있다. 건강을 위해 카메라를 들고 산과 들을 돌아다니며 찍고, 컴퓨터 파일로 저장된 넋 없던 사진들. 이들을 화면에 꺼내어 시제와 언술로 숨을 불어넣고 있기 때문이다. 사진을 보고, 시제와 언술을 위해 이런저런 생각을 하다 보면, 넓고 깊은 사유의 세계 속에 빠져든 나를 발견하게 된다. 내 삶 후반에 만난 디카시는 나에게 윤택한 삶을 제공할 것이 분명하다. 여기에 더해 문학고을과 글향 모임을 통해 알게 된 문우님들은 더 없는 귀인들이다.

박중신

전기공학 박사(고전압 대전력)
한국전력공사 인재개발원 교수 역임
경주 위덕대학교 교수 역임
2021년 문학고을 시 부문 등단
2024년 문학고을 청목문학상
2025년 제4회 디카시조 문학상 여름 공모 사진 차상 수상
2025년 9월 제2회 반려동물 디카시 우수상
저서: 『마음 긁혀 아문 자리에 그리움이 피었다』
　　　『마음 길 따라 걷다 보니, 여기에』

어린 왕자의 독백

여기서 행복할 사람만 오세요
천년을 살다보니
스쳐 지나가는 소리가 크더이다
백년도 살아보지 않고

기다림의 끝에

네 울음보다 늦었다
젖은 연잎
바람도 멈춘 꽃 진 자리에서
미안하단 말
너무 늦게 배웠다

오르고 또 오르건만

저 너머엔 무엇이 있을까
산 너머 산
끊임없는 삶의 물음표

보석 캐러 갈까요

켜켜이 보쌈하던 삶의 매 순간
넘어지고 뒹굴어도 그저 그 자리

파도가 알려주는 부드러운 지혜
호미 파던 자리는 지워지고
물길은 남는다

한식날

아지랑이 피면 온다고 했지
아득히 밀려드는 막내 모습
올해는 유난히도 봄이 더디구나
비라도 한바탕 쏟아져라

● 작가 소감

작년 가을 갑자기 불어닥친 취기에, 문예창작학과에 편입학하고 씨름하던 중에, 지난 몇 년을 함께 보낸 모임에서 '사진과 시'라는 강좌를 개설하였다. 자연스럽게 잊고 지냈던 디카시에도 도전하게 되었고 준비되지도 않은 때에 등단마저 하게 되었다. 설상가상 공저 출판까지 이 길에까지 서게 될 줄이야.
여기까지 인도해 주신 염혜원 작가님과 여러 선배 동료 작가님께 감사드리며, 더 노력하여 좋은 작품으로 보답하겠다는 다짐을 해봅니다.

박흥식

연세대학교 졸업
서울대 Afb수료
㈜신원 사장, 패션그룹형지㈜사장
한국패션협회 부회장 역임
민주평통자문위원
대한민국섬유패션 대상 수상
문학고을 신인문학상 디카시 부문 등단

정원

하늘 가득 초록의 마음

빛과 바람도

시간의 뿌리를 내렸다

달빛 그림자

별님은 알고 있을까
은하수 건너 사랑을

내 곁에 조용히 눕는 그리움

더부살이

숲이 식어갈 무렵
서로의 등을 감싸며
숨결을 얹는다

명작

고흐의 붓끝에서 번진
바람결
내 영혼의 한편에 숨 쉰다

모델

눈빛 하나로 무대를 지배하고
실루엣이 포커스를 잡는다
찰칵
한 장의 물결
자연이 나를 완성한다

● 작가 소감

햇살이 눈부시게 빛나는 글향의 향기처럼
새로운 도전을 하는 씨앗으로 내 마음을
디카시의 향기로 채워 봅니다

멋진 세상사 눈부시게 활짝 핀 꽃 속에
디카시의 매력에 흠뻑 젓어드네요

그대 가슴에 필수 있는 향기처럼
디카시의 열정과 함께 합니다

신덕호

1969년 서울출생
경기상업고등학교 졸업
전) 오꾸동 대표(꼬치구이 전문점 마포구 대표)
전) 카앤피플 마포구 2호점 대표
현) 네이버스마트스토어 레트로게임팡 대표
문학고을 신인문학상 시부문 등단

결심

물기 삼킨 봄 한 모금
묵은 숨결 가르며
작은 손을 오므린다

세상 끝을 더듬는 몸짓
다시 피어오르려는 가느다란 떨림

시선

세상을 보는 내 눈은
빛에 따라
다른 진실을 비춘다

결국 내가 벗지 못한
하나의 편견

탐정

여기 뭐가 있다
코가 먼저 속삭인다
지렁이냐 간식이냐
냄새에 감춰진 진실

오늘도 바쁘다

공전

흐르지 않는
시간 속 행성

언젠가
너의 궤도를 돌게 되리라

체온

서로의 숨결로

내 삶의 마지막 고독을

밀어낸다

● 작가 소감

글향 작가님들과 함께 디카시 시집을 출간하게 되어 진심으로 감사하고 기쁜 마음입니다. 아직 부족한 점이 많지만, 이번 작업을 통해 많은 것을 배우며 한층 성장 할 수 있었습니다. 서로의 감성과 시선이 모여 한 권의 시집으로 완성되기까지의 과정은 저에게 참으로 소중하고 값진 경험이었습니다. 이 시집이 우리 모두의 삶에 작은 빛과 위로가 되기를 진심으로 소망합니다. 함께해 주신 모든 작가님들께 깊은 감사의 마음을 전합니다.

신선미

성신여대 대학원 석.박사 졸업
현)한국외식음료 교육원 이사
현)한국호텔관광실용전문학교 교수
2022년 문학고을 신인작품상 수상
2022년 문학고을 시 등단
2025 제2회 영등포디카시공모전 장려상
2025 제2회 반려동물 디카시 공모전 동상

나란히

우연이라면 소설 한 대목
필연이라면 동시 한 행

오는 길 달랐어도 천생연분

레드카드

식품으로 장난치면 안 돼요
어린이 울리지 마세요

레드카드 곧장 날아갑니다
뾰족 가시는 덤이고요

우리 사랑

믿음의 보폭 쥐고
함께 건너다

드러난 두 마음

엄마의 눈물

추억을 다듬는 엄마 손
흰 뿌리 싹둑싹둑
이리 하얘지도록 살자 했는데
파 맵다며 여미는 눈물

나도 아버지가 보고 싶다

천근만근

신호등 바뀌면
공식처럼 섰다 건넌다

그게 삶인 줄 알았다

한 걸음이
이토록 무겁고 떨리기 전에는

● 작가 소감

물리를 가르치던 제가 퇴직 후 디카시를 만난 것은 큰 행운이 아닐 수 없다. 이모작에 접어들어 이리저리 초점을 맞추려 대들다가도 금방 시들해지던 시절, 후문학파로의 첫걸음이 바로 이 디카시 앞에서 얼음처럼 굳어졌기 때문이다. 날마다 할 일에 생기까지 불러다 준 디카시를 친구로 만난 기쁨은 실로 컸다. 여기 문학고을에서 같은 마음으로 하루하루를 즐기시는 디카시 동호인을 만나 반가움에 설렘까지 얹어 공저에 함께함은, 밝아올 앞날을 보는 듯 분명한 청신호로 읽혀 주위 여타 지인들과도 지평을 활짝 열어나가고 싶은 마음 간절하다.

대로 안정선

(전) 서울중등학교 교장
(현) 물오름극단 배우, 발명늘봄강사
한국디카시인협회 서울중랑지회 부회장
한국문인협회 회원, 송파문인협회 이사
공저 : 눈꽃여행, 도란도란, 아롱다롱,
　　　　중랑디카시(1, 2권), 시가 있는 아침
2025. 문학고을 디카시 신인문학상
2024. 제4회 신정문학상 동시부문 최우수상
2024. 제2회 치유문학상 디카시 부문 산해정상
2023. 한국동심문학회 동심디카시 신인문학상

페르소나

두려울 것 없다
내 안에 거인이 있다

틈

울퉁불퉁한 시간을
밀어올려

잊힌 자리에서
봄을 꺼내더라
너는

신호등

아직도 줄 것이 남은 듯
바싹 마른 몸으로
어여 오라고
와서 한 보따리 가져가라며

들판에 켜둔 붉은 등 하나

너에게 가는 법

푸르른
기억이 번지는 날

그리움 그러모아
징검다리를 놓는다

겸손

향기 품어
하늘 아래
낮은 자리를 향하는
보이지 않는 손

● 작가 소감

첫걸음을 내딛던 작은 떨림이 이제는 큰 기쁨이 되었습니다.
평범한 일상을 디카시로 기록하며 삶의 소중한 의미를 배웠습니다.
짧은 시선 속에서도 오래 머무는 울림을 담고자 했습니다.
글향 동인 17명의 별은 저마다의 빛으로 환히 빛날 것입니다.
그 빛이 모여 누군가의 마음에 작은 등불이 되기를 바랍니다.
함께한 빛나는 인연에 진심으로 감사드립니다.

염혜원

2024년 《시와경계》 디카시 등단
2024년 《문학고을》 청목문학상
2022년 《문학고을》 시 등단
2024년 제7회 경남고성국제한글디카시공모전 우수상
2024년 제9회 이병주하동국제문학제 디카시공모전 우수상
문학고을 디카시부문 심사위원
《세계디카시》 편집장
한국디카시인협회 사무차장
저서 디카시집 『불시착』

바람

용기 내어 내민 손
부끄럽지 않도록

잡아 주세요

해열제

뜨거운 하늘에
주사 한 방
곧
열이 식을 거야

열정

숨죽여 움트고
켜켜이 벼른다

다시 올 축제를 위하여

사유

어둠이 길러낸

아름다운

위로

비상

모진 비바람 견디고

채비를 마친

한 마리의 나비

● 작가 소감

문학고을 글향을 통해 디카시를 처음으로 접하게 되었습니다. 디카시집에 참여할 수 있도록 도움 주신 글향 가족 여러분, 감사드립니다. 기라성 같은 선배님들과 합평 시간을 함께하며 시에 대한 열정을 다시 불태울 수 있었습니다. 시 한 편으로 마음에 맺히고 묵었던 감정을 해소할 수 있는 경험도 누리게 되었습니다. 이 새롭고 신기한 경험은 제가 시인이 되었다는 사실보다 더 큰 기쁨이 되었습니다. 늘 공부해야 한다는 흔한 말을 몸소 체감한 시간이었습니다. 초심으로 돌아가 공부하겠습니다. 이끌어 주신 글향의 염혜원 지부장님과 김선규 부지부장님 이하 함께 공부한 시인님들, 감사드립니다.

임주아

문학고을 신인 문학상 시 부문 수상
문학고을 우수 작가상 시 부문 수상
문학고을 정회원
부산디카시인협회 정회원
저서 『봄이 오는 시간, 한번 살아보겠습니다』
　　『싸우는 거 아니고요, 대화하는 중입니다』
공저 『에세이처럼 살고 싶다』『내가 쓰는 글이 너에게 닿기를』 외 다수
공저 시집 『무화과는 꽃이 핀다』『문학고을 선집 제13-15호』

다시 핀 봄

베어진 몸으로 찾아온 너
따뜻한 햇살의 기억으로
꽃은, 끝내 봄이 되는구나

101

봄볕 같은 우리 딸
어딜 간다고 하면 엄마는 불안해
아가처럼 우리 딸에게
많이 의지하나 봐

엄마, 나도 그래

찔러 보기

가슴이 붉게 물들었습니다
감추고 싶던 마음
햇살처럼 번진 웃음으로
그대에게
들키고 말았습니다

기다림은 미소로 온다

매일 바라보는 얼굴
터질듯한 볼 끝에
햇살 같은 웃음 핀다

솟대

바람 끝에
그대 이름 걸어두고

날지 못한 새 한 마리

● 작가 소감

짧지만 깊은 울림을 전하는 디카시를 처음 접하는 순간부터 문학고을을 통해 등단하고 "글향"을 통해 공동시집을 출간하는 지금까지 소녀처럼 설렙니다.
삶의 순간을 붙잡아 언어와 예술로 풀어내는 과정은 저에게 작은 성찰이자 큰 배움입니다. 비록 작은 걸음이지만 이번 출간이 제 안의 시선을 넓히고 새로운 만남을 열어 줄 거라 믿습니다. 앞으로도 일상의 찰나에 피어나는 감동을 놓치지 않고 꾸준히 기록하여 나아가겠습니다. 감사합니다.

후정 임진성

시인, 양평디카시인협회 운영위원
황순원문학관 "디카시 프로젝트" 참여
(부제 : 내 안에 숨은시인찾기)
문학고을 신인문학상 디카시부문 등단
네이버블로그 "서종의 디카시정원" 운영자

11월의 장미

모두가 떠난 자리
홀로 선 붉은 외침

가던 길 멈추고
오늘도 가슴에 새긴다

MOON

저 문 다 열리면
그리운 목소리 들려올까?

도란도란

맞잡은 두 손에 흐르는 정기
토성의 역사로 이어졌고
마천루의 기상이 되었다
눈이 시리도록 아름다워라

2022.6.16.

유독 시리게 푸른날
꽃잎 속에 들던 어머니

고향 마당 흑백 사진 속에는
열여섯 당신이 미소를 띠웁니다

티 없이 살라하네

모든 이를 사랑할 순 없어도

모든 사람을 미워하진 않을 수 있을 거야

● 작가 소감

도전은 언제나 삶에 활력을 주는 것 같습니다.
설렘에 맞게 알맞은 두려움도 동반되지만
즐거움만 하겠습니까!
기회를 공유해 주신 모든 작가님들과 임원님들의
노고에 감사드립니다.

최병만

1965년 경북 예천 출생으로 어린 시기에 부모님 곁을 떠나 생활하면서 겪은 이후 특허전문 기업을 운영하다가 은퇴하고 작가로서 활동에 참여하고 있음.

2024년 문학고을 신인문학상 시부문 등단

고백

너와 함께 있으면
내 맘이 포근해져

왜 그런지 몰라도
난 네가 그냥 좋아

여신

고개 숙인 채
겸손한 매너로
우아한 맵시 뽐낸다

행복해하는 널 보면
행운이 찾아 올 것 같아

착시

햇빛 쏘이는 화창한 날
보도블럭 위 나무 그늘

번히 비치는 맑은 물 속에
은근히 잠수한 듯하구나

벗어나고파

이상스레
외로운 마음

달랠 길 없어
달음질치고 싶다

그저 한없이

희망

방울방울 맺힌 꽃송이

청순 동녀의 꿈이
피어오른다

● 작가 소감

최근 전국적으로 붐을 일으키고 있는 디카시에 대한 관심과 흥미를 갖게 되었습니다. '글향 디카시의 등대(길잡이)'라고 생각되어지는 염혜원 지부장님과 김선규 부지부장님의 애정 어린 노고로 이루어진 '디카시집 출간' 기획은 환영할 만한 매우 훌륭한 구상이었기에, 저도 적극 동참하게 되었습니다.
저는 비교적 산문시나 자유시보다는 정형시를 선호하다 보니, 자연스레 디카시조를 접하게 되었는데, 금번 디카시를 처음으로 써 보니 무척 자유로웠고, 차후 계속 도전하려고 합니다.

최해영

시인, 시조시인
교육학석사, 청소년지도사, 한국어교원 외
중·고등학교 및 평생교육원 출강
문학고을 시부문 등단
시집 및 공저
『베푼 사랑의 미소』 및 '시선집' 다수
강원시조시인협회 디카시조부문 등단

거룩한 계보

팔십 년 간극에
다리를 놓아요

서로의 눈빛으로
뜨겁게 흐르는 시선

칸트

세상에서 가장 확실한 건

내가 지금 걷는 길이다

갱년기

조심하세요
데일 수 있으니
안전거리 유지하세요

훈수 금지

숨죽인 살얼음판

총칼 없는 전쟁터

디자이너

손님을 가족처럼
직원을 친구처럼

서당개 삼 년이면
풍월을 읊는다

● 작가 소감

'창의력은 분야의 경계를 뛰어넘는 융합이다'
마음속에 깊이 담고 있는 저의 좌우명이 문학고을 글향 동인 디카시집 출간을 준비하며 아름답게 발현되는 큰 감동의 시간이 되었습니다.
소중한 글향 작가님들과 함께 작품을 공유하고 합평을 하며 디카시를 통해 한 장의 사진 속에 세상을 담고, 짧은 시적 언술을 녹여내어 사람들의 마음에 감동과 울림을 줄 수 있어서 가슴이 벅차오릅니다. 출간을 위해 총괄 진행을 맡아주신 염혜원, 김선규 작가님과 보석 같은 글향 작가님들께 감사드립니다.

한재준

필명 : 서재의 향기
좌우명 : 창의력은 분야의 경계를 뛰어넘는 융합이다
취미 : 독서, 여행, 미술 감상을 좋아함
코로나19 팬데믹 기간 '일천 권 독서' 완료
인스타그램/네이버 블로그 '서재의 향기' 운영 중
2025년 문학고을 신인문학상 시 부문 등단
2025년 제2회 반려동물디카시공모전 입선